ふしぎ？
びっくり！

ことばの由《ゆ》来《らい》博《はく》物《ぶつ》館《かん》

気《き》持《も》ちとからだのことば

文 江川清
絵 秋野純子

ほるぷ出版

目《もく》次《じ》

人《ひと》の気《き》持《も》ちをあらわすことば

人《ひと》のからだにかんすることば

あっけらかん

意《い》味《み》

意《い》外《がい》なことにあきれて、ぽかんとしているようす。
または、けろりとして平《へい》気《き》なようす。

語源《ごげん》

口《くち》を大《おお》きくあけるという意味《いみ》の「あく（開く）」を強調《きょうちょう》した、「あっけ（呆気）」からできたことば。「らかん」は、語感《ごかん》がよいためにつけられた。

関連《かんれん》することば

「あっけ」のつくことば

あっけにとられる

ことの意外《いがい》さにおどろき、あきれること。ぼうぜんとすること。

あっけない

ものたりないこと。はりあいがないこと。

おっかなびっくり

意《い》味《み》

おそるおそる。びくびくしながら。

語源《ごげん》

昔《むかし》、「おそるべき」ということばを、漢文《かんぶん》で「可恐」と書《か》いていた。それが「恐可」とひっくりかえって「おっか」と読《よ》み、「おっかない」にかわった。これからさらに、「おっかなびっくり」ということばができた。

関連《かんれん》することがら

漢文《かんぶん》

中国《ちゅうごく》に古《ふる》くからつたわる、書《か》きことばの文章《ぶんしょう》を、漢文《かんぶん》という。日本《にほん》に文字《もじ》がつたわったはじめのころ、文章《ぶんしょう》は漢文《かんぶん》で書《か》かれていた。また、かなが発明《はつめい》されてからも、男性《だんせい》は、漢文《かんぶん》で書《か》くことがふつうだった。

漢文《かんぶん》の例《れい》：学而時習之《まなんでときにこれをならう》、不亦説乎《またよろこばしからずや》。
(学《まな》んでは時《とき》どきおさらいをする。よろこばしいことだ)

ぬかよろこび

【糠喜び】

意味《いみ》

いったんはよろこんだが、最後《さいご》には、あてがはずれてしまうこと。

語源《ごげん》

「ぬか（糠）」は、穀類《こくるい》をついて精白《せいはく》するときに、皮《かわ》がむけて粉《こな》になったもの。はかない、むなしいという意味《いみ》で使《つか》われ、これに「よろこび」がついて、できたことば。

関連《かんれん》することがら

ぬかみそ

米《こめ》ぬかと、ふっとうさせてさました食塩水《しょくえんすい》をまぜてねると、ぬかみそになる。これに野菜《やさい》などをつけたものが、ぬかみそ漬《づ》け。他人《たにん》のうたう歌《うた》などがへたなのを、ばかにして「ぬかみそがくさる」という。

あんど

【安堵】

意《い》味《み》

安心《あんしん》すること。心配《しんぱい》ごとがなくなり、心《こころ》がおちつくこと。

語源《ごげん》

「堵《と》」は、「かき（垣）」と同《おな》じ意味《いみ》のことば。「垣《かき》」とは自分《じぶん》の領地《りょうち》のことで、そのなかで安《あん》心《しん》して暮《く》らすという意味《いみ》からできたことば。

関連《かんれん》することがら

安堵状《あんどじょう》

鎌倉《かまくら》から戦国時代《せんごくじだい》、幕府《ばくふ》や領主《りょうしゅ》が、支配下《しはいか》においた武家《ぶけ》や寺《てら》などの領地《りょうち》を保証《ほしょう》し、承認《しょうにん》することを「安堵《あんど》」といった。そして、それを書《か》きつけた証文《しょうもん》を「安堵状《あんどじょう》」といった。

けげん【怪訝】

意《い》味《み》

ふしぎにおもうこと。納《なっ》得《とく》がいかないこと。

語源《ごげん》

「けげん（化現）」ということばが、変化《へんか》したもの。もとは、仏《ほとけ》が姿《すがた》をかえて（化《ば》けて）、この世《よ》に現《あらわ》れることをいった。それが、人間《にんげん》から見《み》ると非常《ひじょう》にふしぎである、ということからできたことば。「け（怪）」はあやしい、「げん（訝）」はいぶかしいという意味《いみ》の漢字《かんじ》。

関連《かんれん》することがら

お竹《たけ》さんの伝説《でんせつ》

昔《むかし》、江戸《えど》の大伝馬町《おおでんまちょう》というところに、旅館《りょかん》ではたらくお竹《たけ》という、情《なさ》けぶかいむすめがいた。お竹《たけ》は、じぶんの食事《しょくじ》はたべずに、まずしい人《ひと》にあたえていた。ある夜《よる》、旅人《たびびと》と主人《しゅじん》が、台所《だいどころ》ではたらくお竹《たけ》を見《み》ていると、お竹《たけ》のからだが光《ひか》りだし、「わたしは大日如来《だいにちにょらい》のかりの姿《すがた》だ」といって、夜空《よぞら》にのぼっていった。大日如来《だいにちにょらい》が姿《すがた》をかえてこの世《よ》にあらわれたという、ふしぎな話《はなし》は、のちのちまでつたえられた。

お竹如来像《たけにょらいぞう》
（東京都《とうきょうと》北区《きたく》赤羽《あかばね》 善徳寺《ぜんとくじ》）

おもしろい【面白い】

意《い》味《み》

とても興味《きょうみ》がある。たのしんでいる。見《み》て、ゆかいにおもう気持《きも》ち。

語《ご》源《げん》

「おも（面）」は目《め》の前《まえ》のこと、「しろ（白）」は、明《あか》るくなった状態《じょうたい》を意味《いみ》する。目《め》の前《まえ》が明《あか》るくなるような気持《きも》ちを、あらわしたことば。

関連《かんれん》することば

面白《おもしろ》おかしい

非常《ひじょう》におかしい、ゆかいであるという意味《いみ》。

面白《おもしろ》ずく・面白半分《おもしろはんぶん》

興味本位《きょうみほんい》で、まじめさがないという意味《いみ》。

さびしい

【寂しい】

意《い》味《み》

何《なに》かが足《た》りなくて、満《み》たされない気《き》持《も》ちである。心細《こころぼそ》い。

語源《ごげん》

古《ふる》くなる、おとろえるという意味《いみ》の古代《こだい》のことば、「さぶ（荒ぶ・寂ぶ）」からできた。「さぶし」から「さびし」、「さびしい」と変化《へんか》したもの。「さみしい」は、「さびしい」がさらに変化《へんか》した形《かたち》であり、話《はな》しことばではよく聞《き》かれる。

関連《かんれん》することば

「さぶ」からできたことば

さびれる（寂れる）

にぎやかだったところが、おとろえる。あれはてる。

さびる（錆びる）

金属《きんぞく》に、さびができる。

しんどい

意味《いみ》

くたびれた。つかれた。つらい。めんどうにおもう気《き》持《も》ち。

語源《ごげん》

関西《かんさい》地方《ちほう》の、有名《ゆうめい》な方言《ほうげん》の一つ。「しんろう（心労）」が「しんどう」となまり、それが形容詞《けいようし》になったもの。

関連《かんれん》することがら

方言《ほうげん》

地域《ちいき》などのちがいによって、独《どく》特《とく》な言《い》い方《かた》であらわされたことばを「方言《ほうげん》」という。有名《ゆうめい》なものには、「しんどい」のほか、北海《ほっかい》道《どう》・東北地方《とうほくちほう》の「しばれる」（たいへんさむい）、九州地方《きゅうしゅうちほう》の「ばってん」（けれども）などがある。

せつない【切ない】

意味《いみ》

かなしみやくるしみなどで、やりきれない気持《きも》ち。

語源《ごげん》

切実《せつじつ》なという意味《いみ》の、「せつ（切）」からでたことば。もともとは「せつなり」といい、大切《たいせつ》におもうという意味《いみ》をもっていた。それが、だんだん今《いま》の意味《いみ》になっていった。

関連《かんれん》することば

せつないときは茨《いばら》をもつかむ

こまりきっているときは、手段《しゅだん》をえらばないということ。

せつないときは親《おや》

くるしくなったとき、たよりにしてすがれるのは親《おや》だということ。

もどかしい

意《い》味《み》

なかなかおもうとおりにならないので、はがゆくおもう気《き》持《も》ち。

語源《ごげん》

もとへもどるという意味《いみ》の、「もどく（擬く）」という動詞《どうし》からできたことば。

似《に》た意味《いみ》のことば

じれったい

ものごとがはかどらず、もどかしいこと。だだをこねるという意味《いみ》の「じれる」からできたことば。

やさしい【優しい】

意味《いみ》

おだやかで、おもいやりがあること。おとなしい。優美《ゆうび》なこと。

語源《ごげん》

「やせる（痩せる）」からできたことば。もとは、身《み》もやせほそるおもい、はずかしい気《き》持《も》ちをあらわした。人《ひと》目《め》を気《き》にすることから、人《ひと》をおもいやるという意味《いみ》に変化《へんか》したと考《かんが》えられる。

反対《はんたい》の意味《いみ》のことば

すげない

おもいやりがない。冷淡《れいたん》な。心《こころ》がたのしくないという意《い》味《み》から、できたことばといわれる。

やましい

【疚しい】

意《い》味《み》

良心《りょうしん》にはじるところがあり、気《き》がひけること。

語源《ごげん》

「やむ（病む）」からできたことば。もとの意味《いみ》は、心《こころ》が病《や》む、つまり気分《きぶん》がすぐれないことをいった。そこから、気《き》がとがめることをいうようになった。

似《に》た意味《いみ》のことば

うしろめたい

あとのことが気《き》にかかる。こころもとない。やましいところがあるので、気《き》がひける、という意味《いみ》。「うしろ（後ろ）・め（目）・いたし（痛し）」からきたことばといわれる。

いらいら

意《い》味《み》

おもいどおりにならず、神経《しんけい》が高《たか》ぶっているさま。

語源《ごげん》

「いら」は草《くさ》木《き》のとげ（刺）のこと。とげにチクチク突《つ》かれたときの、不《ふ》快《かい》な刺《し》激《げき》から、人《ひと》の感《かん》情《じょう》の高《たか》ぶりをあらわすようになった。「いらいら」は、「いら」をかさねて強調《きょうちょう》した形《かたち》。

関連《かんれん》することがら

神経《しんけい》のはたらき

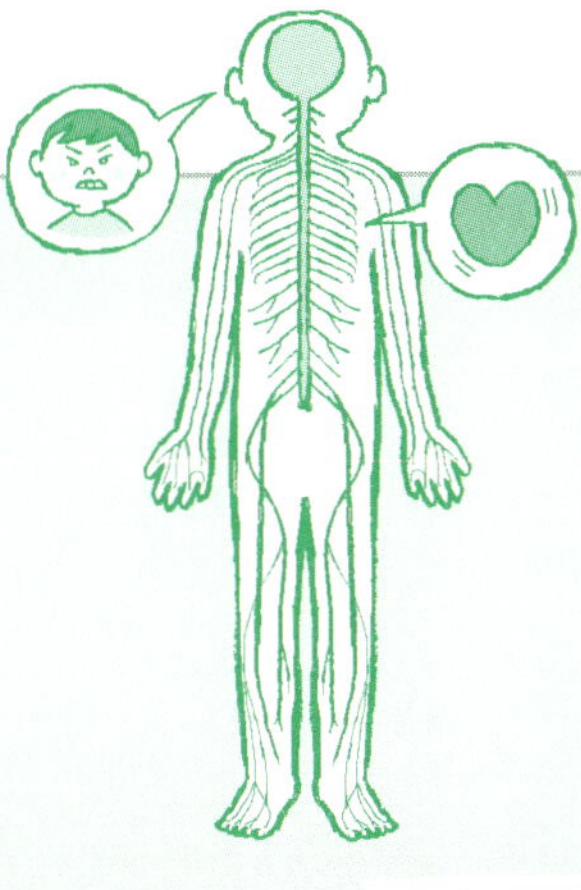

人《ひと》のからだにはすみずみまで神経《しんけい》がはりめぐらされ、そのおかげでものをかんじたり、考《かんが》えたりすることができる。とくに自《じ》律《りつ》神《しん》経《けい》は、感情《かんじょう》が高《たか》ぶると心臓《しんぞう》の動《うご》きを速《はや》くするなど、心《こころ》とふかい関係《かんけい》がある。

くよくよ

意《い》味《み》

気《き》に病《や》んでもしかたのないことに、心《こころ》をなやますさま。

語源《ごげん》

「くゆる（燻ゆる）」を強調《きょうちょう》した、「くゆくゆ」が変化《へんか》したもの。「くゆる」は、燻製《くんせい》の「燻」で、燃《も》えてけむりがたつこと、くすぶることをあらわす。また、気《き》が晴《は》れず、おもいなやむこともいう。

関連《かんれん》することば

くゆらす

けむりをたたせること。くすぶらせること。「パイプをくゆらす」などのように使《つか》う。

しみじみ

意味《いみ》

心《こころ》にふかくかんじいるさま。しずかに、おちついているさま。

語源《ごげん》

心《こころ》にしみるという意味《いみ》の、「しむ（染む）」をかさねて、強調《きょうちょう》したことば。

似《に》た意味《いみ》のことば

しんみり

おちついて、心《こころ》がしずかなさま。「しんみりと話《はな》す」などのように使《つか》う。

むしゃくしゃ

意味《いみ》

腹《はら》がたって、おちついていられないさま。

語源《ごげん》

「むさし」と「くさし」があわさったことば。「むさし」「くさし」は、それぞれ「むさい」「くさい」の古《ふる》い言《い》い方《かた》で、きたならしいというのが、もとの意味《いみ》。

関連《かんれん》することば

むさくるしい

ごちゃごちゃしていて、きたならしいこと。「むさし」からでたことば。

わくわく

意味《いみ》

たのしいこと、うれしいことが期待《きたい》されて、胸《むね》がおどるさま。

語源《ごげん》

地面《じめん》から、水《みず》などがふきでてくるという意味《いみ》の、「わく（湧く）」をかさねて強調《きょうちょう》したことば。ものごとがあらわれでるのを、期待《きたい》して見《み》まもる気持《きも》ちから、できたことばと考《かんが》えられる。

似《に》た意味《いみ》のことば

うきうき

陽《よう》気《き》で心《こころ》がはずむさま。心《こころ》がうく（浮く）ことから、できたことばとおもわれる。

うらむ

【恨む】

意味《いみ》

相手《あいて》がいったり、したりしたことにたいして、にくいとおもうこと。

語源《ごげん》

「うら（心）・みる（見る）」ということばが、変化《へんか》した。もとの意味《いみ》は、相手《あいて》に不満《ふまん》をもちながら、相手《あいて》の気持《きも》ちを知《し》りたいため、不満《ふまん》をこらえていることだった。ことばにはせず、心《こころ》のなかだけで不満《ふまん》におもうことをあらわしたが、のちに、それをおもてにだすこともいうようになった。

関連《かんれん》することば

うらめしい

「うらむ」の形容詞形《けいようしけい》。うらみにおもう、残念《ざんねん》だという意味《いみ》。怪談《かいだん》などでは、ゆうれいがよく「うらめしや」という。

うらやむ

【羨む】

意味《いみ》

めぐまれている人《ひと》を見《み》て、自分《じぶん》もそうなりたいとおもう。さらに、そうなれないと考《かんが》え、ねたましくおもう。

語源《ごげん》

古代《こだい》のことばで、「うら（裏）」は「心《こころ》」の意味《いみ》。「やむ」は「病《や》む」。他人《たにん》にくらべて、自分《じぶん》がめぐまれていないことで、心《こころ》が傷《きず》つくという意味《いみ》から、できたことば。

似《に》た意味《いみ》のことば

ねたむ

うらやましくて、しっとすること。「ねたみそねみ」というと、うらやみ、にくむこと。「ね（性）・いたむ（痛む）」からきたことばと考《かんが》えられる。

おもねる【阿る】

意《い》味《み》

きげんをとって、相手《あいて》の気《き》に入《い》るようにすること。へつらうこと。

語源《ごげん》

「おも(面)」は顔《かお》のこと。「ねる」は「練《ね》る」で、あわせて顔《かお》を左右《さゆう》にむけること。まわりをきょろきょろ見《み》ながら、相手《あいて》の気持《きも》ちにしたがおうとすることから。

関連《かんれん》することば

「おも(面)」からできたことば

おもむき(趣)

味《あじ》わい。ようす。「おもむきがある」などのように使《つか》う。「おも(面)・むく(向く)」で、心《こころ》が動《うご》く方向《ほうこう》という意味《いみ》から。

おもはゆい

きまりがわるいこと。「はゆい(映い)」は、まぶしいという意味《いみ》。面《めん》とむかって顔《かお》をあわせると、まぶしいことから、はずかしいという意味《いみ》になった。

たまげる

意味《いみ》

びっくりすること。非常《ひじょう》におどろくこと。

語源《ごげん》

おどろきのあまり、たましい（魂）が消《き》える、という意味《いみ》の「たまぎる（魂消る）」が、変化《へんか》してできたことば。

関連《かんれん》することがら

たましい（魂）

からだにやどって、心《こころ》のはたらきをつかさどると考《かんが》えられているもの。霊魂《れいこん》。個人《こじん》が所《しょ》有《ゆう》するという意味《いみ》の「たます」と、関係《かんけい》があると考《かんが》えられる。

べそをかく

意味《いみ》

子《こ》どもなどが、今《いま》にも泣《な》きだしそうになること。泣《な》き顔《がお》になること。

語源《ごげん》

日本《にほん》の伝統芸能《でんとうげいのう》、能《のう》では、口《くち》をへの字《じ》にまげた「べしみ（圧見）」という面《めん》を使《つか》う。その面《めん》のような泣《な》き顔《がお》になることを、「べしみ」が変化《へんか》して「べそ」というようになった。

関連《かんれん》することがら

伝統芸能《でんとうげいのう》の「能《のう》」

約《やく》六百年《ねん》の歴史《れきし》をもつ能《のう》は、おもに舞《まい》と歌《うた》からなる一種《いっしゅ》の仮面楽劇《かめんがくげき》で、豊作《ほうさく》をいのった田楽《でんがく》、ものまね劇《げき》の猿楽《さるがく》などから発展《はってん》した。室《むろ》町時代《まちじだい》に観阿弥《かんあみ》・世阿弥《ぜあみ》親子《おやこ》によって確立《かくりつ》され、現在《げんざい》までのこる世界最古《せかいさいこ》の舞台芸術《ぶたいげいじゅつ》といわれる。

語《ご》源《げん》ってなーに？

テレビのクイズ番組《ばんぐみ》で、語源《ごげん》を取《と》りあげた問題《もんだい》をよく見《み》かけます。ところで、なぜ「クイズ」というのでしょうか。これは、言《い》い方《かた》をかえれば、「クイズの語源《ごげん》は？」ということになります。「クイズ」は、英語《えいご》の「quiz（クイズ）」が日本語《にほんご》になったことばです。このように、外国語《がいこくご》が日本語《にほんご》の一部《いちぶ》となったことばを「外来語《がいらいご》」といいます。

さて、君《きみ》たちが「クイズの語源《ごげん》は？」と質問《しつもん》したときに、「日本語《にほんご》のクイズは英語《えいご》から」という答《こた》えが返《かえ》ってきたとしましょう。この答《こた》えに満足《まんぞく》しますか。多《おお》くの人《ひと》は、もう少《すこ》しちゃんとした答《こた》えがほしいとおもうでしょう。

そこで英語《えいご》のもとを、さらにさかのぼってみましょう。そうすると、ヨーロッパの多《おお》くの言葉《ことば》の先《せん》祖《ぞ》である、ラテン語《ご》の「quis（クイス）」にいきつきます。これは、ラテン語《ご》では「何《なに》」という意味《いみ》です。

日本語《にほんご》の「なぞ」という言葉《ことば》も、「（あれは）何《なん》ぞ」（何《なに》か、の意味《いみ》）からできています。「クイズ」も「なぞ」も、同《おな》じような形《かたち》でできた言葉《ことば》です。

どのような言葉《ことば》（語《ご》）でも、その言葉《ことば》がうまれるにあたっては、語《ご》の形《かたち》と意味《いみ》との結《むす》びつきについて、はっきりした対応《たいおう》があったわけです。しかし、言葉《ことば》は時間《じかん》がたつにつれて変化《へんか》していくものです。その変化《へんか》の姿《すがた》はいろいろです。たとえば、「あらたし」→「あたらし」→「あたらしい（新《あたら》しい）」のように、語《ご》の形《かたち》がかわる場合《ばあい》があります。逆《ぎゃく》に語形《ごけい》は同《おな》じままで、意味《いみ》だけが変《か》わることもあります。さらに語形《ごけい》も意味《いみ》も変《か》わることがあります。また、「ツキサップ」（北海道《ほっかいどう》のアイヌ語起源《ごきげん》の地《ち》名《めい》）→「月寒（つきさっぷ）」→「月寒（つきさむ）」

のように、漢字《かんじ》の読《よ》み方《かた》が変《か》わったことによって、語形《ごけい》が変化《へんか》することもあります。

　このように、語形《ごけい》や意味《いみ》の変化《へんか》がわかっている、つまり語源《ごげん》のわかっている語《ご》がありますが、長《なが》い年月《ねんげつ》のあいだに、語源《ごげん》がわからなくなってしまったものも少《すく》なくありません。たとえば「山《やま》」をなぜ「やま」というのか、「犬《いぬ》」をなぜ「いぬ」とよぶのか、といった場合《ばあい》です。これらにおいても、いろいろな語源説《ごげんせつ》がありますが、本当《ほんとう》のところはわかりません。

日本語《にほんご》の固有語《こゆうご》である和語《わご》は、漢字《かんじ》がつたわる以前《いぜん》からあった語《ご》が多《おお》く、今《いま》となっては語源《ごげん》がわからなくなってしまったものが少《すく》なくありません。

　このシリーズでは、語源《ごげん》がわかるものだけを取《と》りあげました。しかし、本当《ほんとう》に語源《ごげん》があきらかかなものだけではなく、いくつかの語源説《ごげんせつ》がある言葉《ことば》も取《と》りあげています。語源説《ごげんせつ》には、だれもがみとめるものばかりではなく、いろいろな考《かんが》え方《かた》があることを知《し》ってもらいたいからです。

おさらい＆チャレンジクイズ！

▽ ▽ ▽

Q1 「あっけらかん」とは、人間《にんげん》のどんなようすをさしてできたことば？

Q2 手《て》ごたえがなく、何《なん》のききめもないことを「○○に釘《くぎ》」という。○にはいるのは何《なに》？

Q3 昔《むかし》は、幕府《ばくふ》や領主《りょうしゅ》が支配下《しはいか》においたものの領地《りょうち》を承認《しょうにん》することをさし、今《いま》では「安心《あんしん》すること」という意味《いみ》になったのは？

Q4 「しんどい」とは、どこの地方《ちほう》の方言《ほうげん》？
①九州地方《きゅうしゅうちほう》　②東北地方《とうほくちほう》
③関西地方《かんさいちほう》

Q5 「やましい」と同《おな》じように、気《き》がひけるという意味《いみ》で使《つか》われることばは何《なに》？

Q6 おもいどおりにならず、神経《しんけい》が高《たか》ぶったさまをあらわす「いらいら」。さて、「いら」とは何《なん》のこと？

Q7 腹《はら》がたって、おちついていられないさまをあらわすのは、どのことば？
①くよくよ　②むしゃくしゃ
③しみじみ

Q8 「わくわく」に似《に》た意味《いみ》の心《こころ》がはずむさまのことばは？
①しみじみ　②うきうき
③はらはら

Q9 「おもねる」とは、相手《あいて》に気《き》に入《い》られるようにきげんをとって、へつらう意味《いみ》だが、さて「おも」とは何《なに》をさした？

Q10 泣《な》き顔《かお》になることをいう「べそをかく」の「べそ」とは、もとは何《なに》をさした？

答《こた》えは96ページへ！

からだ【体】

意《い》味《み》

頭《あたま》から足《あし》の先《さき》までの全体《ぜんたい》。

語《ご》源《げん》

「から（殻）」に接尾語《せつびご》の「だ」がついたもの。昔《むかし》の時代《じだい》の人《ひと》びとは、からだは、魂《たましい》の入《い》れものであり、魂《たましい》をのぞくと、ぬけがらになると考《かんが》えたから。

関連《かんれん》することば

「からだ」のつくことば

からだにさわる

健康《けんこう》にわるいこと。また、からだによくないこと。

からだをはる

命《いのち》がけで、なにかをおこなうこと。

おつむ

意味《いみ》

頭《あたま》のこと。おもに、女性《じょせい》が子《こ》どもにいう。

語源《ごげん》

昔《むかし》、身分《みぶん》の高《たか》い人《ひと》につかえる女性《じょせい》たちがつかったことばである、「女房《にょうぼう》ことば」の一つ。「つむり」（頭《あたま》の意味《いみ》）の前《まえ》に、ことばの前《まえ》につくと上品《じょうひん》な言《い》い方《かた》となる「お」をつけたもの。

関連《かんれん》することがら

かたつむりの語源《ごげん》

巻貝《まきがい》の一種《いっしゅ》のかたつむりは、うずまき状《じょう》のからをせおっている。かたつむりの「つむり」は、丸《まる》いうずまき状《じょう》のものにつけられる名前《なまえ》。人間《にんげん》の頭《あたま》をさす「つむり」も、これと同《おな》じ発想《はっそう》からと考《かんが》えられる。「かた」は「かさ（笠）」からで、「笠《かさ》をつけたうずまき状《じょう》の虫《むし》」という意味《いみ》。

まゆつば

【眉唾】

意《い》味《み》

だまされないように、用《よう》心《じん》すること。

語《ご》源《げん》

昔《むかし》、まゆにつばをつけると、きつねやたぬきなどに、ばかされないと考《かんが》えられていた。この迷信《めいしん》から、「まゆにつば（または、つばき）をつける」という表現《ひょうげん》がうまれ、それがちぢまって「まゆつば」となった。

関連《かんれん》することば

まゆつばもの

だまされる心配《しんぱい》のある、あやしげなもののことをいう。

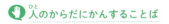

まなじり

【眦】

意《い》味《み》

目《め》の、耳《みみ》に近《ちか》いほうの端《はし》。目《め》じり。

語源《ごげん》

「目《め》」の「しり（尻）」から。「ま」は「目《め》」の古《ふる》い言《い》い方《かた》で、今《いま》でも「まつ毛《げ》」「まなこ」「まぶた」「まのあたり」など、目《め》にかんすることばに残《のこ》っている。

関連《かんれん》することば

「まなじり」のつくことば

まなじりを決《けっ》す

怒《いか》りなどで、目《め》を大《おお》きく見《み》ひらくこと。

まなじりをこらす

一か所《しょ》を集中《しゅうちゅう》して見《み》つめること。「ひとみをこらす」ともいう。

めまい

【目眩・眩暈】

意《い》味《み》

くらくらして、まわりのものがまわっているようにかんじる状態《じょうたい》。

語源《ごげん》

目《め》が、くるくると舞《ま》っているようにかんじることから、「目舞《めま》い」が変化《へんか》したと考《かんが》えられる。

「眩《くら》む」とは、めまいがするという意味《いみ》。

関連《かんれん》することから

目《め》のしくみ

角膜《かくまく》と水晶体《すいしょうたい》で光《ひかり》をあつめ、像《ぞう》を目《め》の奥《おく》の網膜《もうまく》に映《うつ》し、そこで光《ひかり》を信号《しんごう》にかえ、脳《のう》におくることにより、ものが見《み》えるしくみになっている。

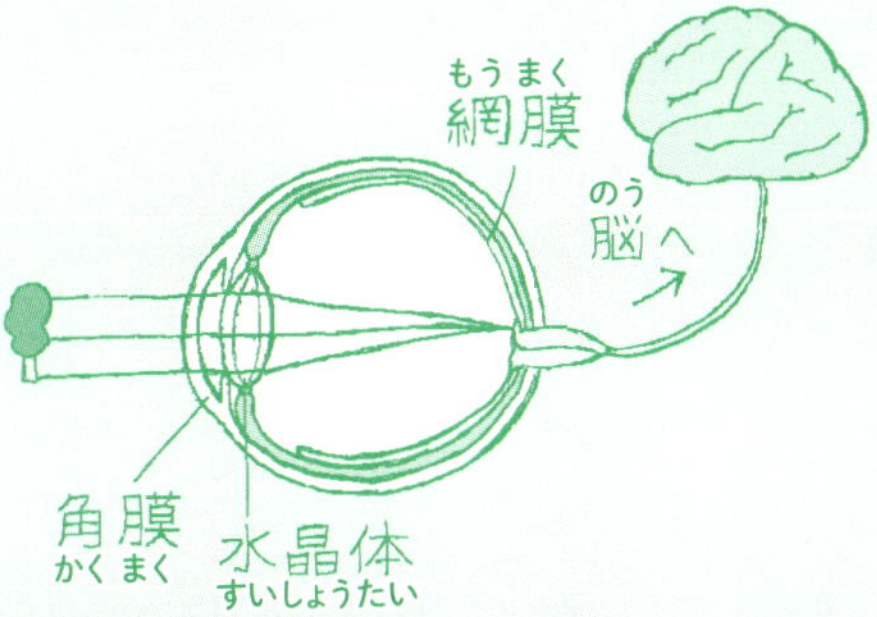

くちびる【唇】

意《い》味《み》

口《くち》の入《い》り口《ぐち》の上下《じょうげ》をかこむ、うすい皮《かわ》の部分《ぶぶん》。

語源《ごげん》

口《くち》のまわりという意味《いみ》の、「くち・へり（口・縁）」が、変化《へんか》してできたことば。

関連《かんれん》することば

「くちびる」のつくことば

くちびるをとがらす

不平《ふへい》・不満《ふまん》の顔《かお》をすること。また、不平《ふへい》をいうこと。

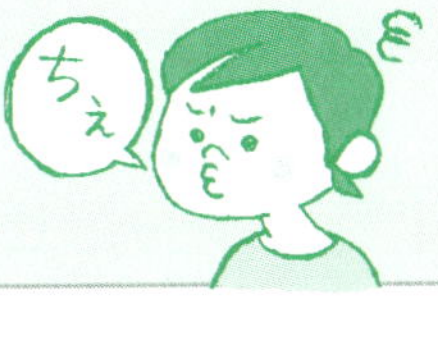

くちびるをかむ

残念《ざんねん》がること。

くちびるほろびて歯《は》寒《さむ》し

たすけあう間柄《あいだがら》のものの片方《かたほう》がほろびると、もう一方《いっぽう》もあやうくなるたとえ。

はがゆい

意《い》味《み》

おもうようにならなくて、じれったいこと。

語源《ごげん》

「は（歯）」が「かゆい」という意味《いみ》。歯《は》がかゆくなるほど、もどかしいという気持《きも》ちをたとえたことば。

関連《かんれん》することば

「歯《は》」のつくことば

歯《は》に衣着《きぬき》せぬ

思《おも》っていることをえんりょなく、はっきりいうこと。

いびき

【鼾】

意味《いみ》

寝《ね》ているときに、口《くち》や鼻《はな》からでる雑音《ざつおん》。

語源《ごげん》

さまざまな説《せつ》がある。息《いき》を引《ひ》くという意味《いみ》の「いびき（息引き）」、息《いき》がひびくという意味《いみ》の「いひびき（息響き）」、息《いき》をふくという意味《いみ》の「いぶき（息吹き）」など、いろいろなことばから変化《へんか》したと考《かんが》えられている。

関連《かんれん》することば

「いびき」のつくことば

高《たか》いびき

大《おお》きないびき。また、熟睡《じゅくすい》することのたとえ。

おくびにもださない

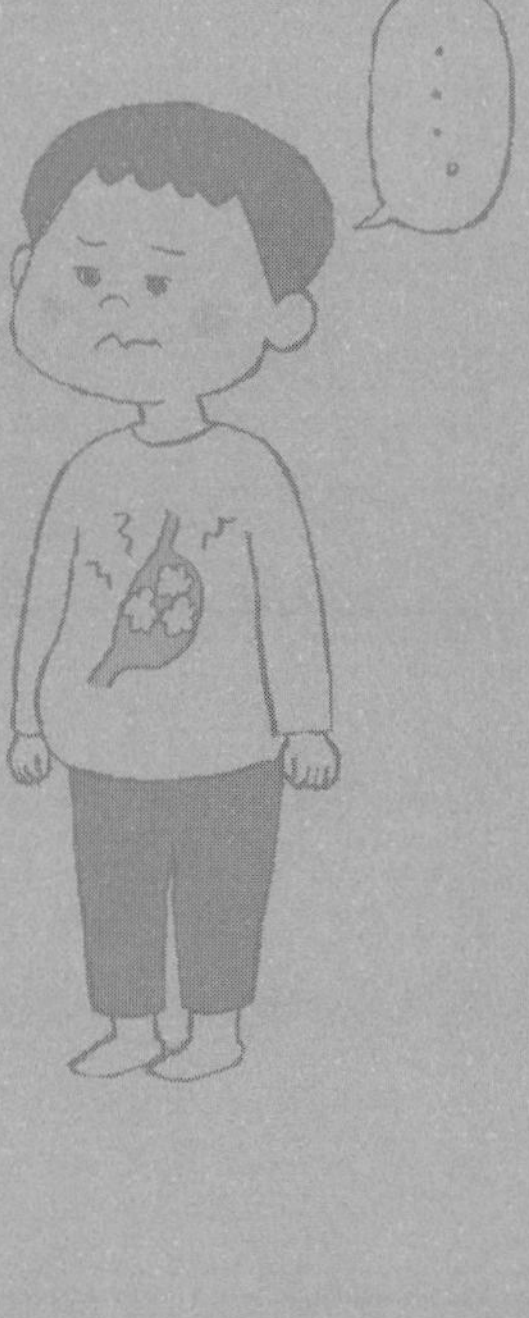

意《い》味《み》

ひたかくしにして、少《すこ》しもださないこと。すっかり秘《ひ》密《みつ》にして、けっして口外《こうがい》しないこと。

語源《ごげん》

「おくび」とは、「げっぷ」のこと。胃《い》にガスがたまると、自然《しぜん》に口《くち》から外《そと》にでる。そのげっぷさえもがまんして、口《くち》にださないということのたとえ。

関連《かんれん》することがら

げっぷのしくみ

胃《い》の上部《じょうぶ》には「胃底《いてい》」といって、ガスのたまりやすいところがある。サイダーなどの炭酸飲料《たんさんいんりょう》を飲《の》むと、胃《い》で二酸化炭素《にさんかたんそ》などのガスが発生《はっせい》して胃《い》底《てい》にたまり、ある量以上《りょういじょう》になると、胃《い》の収縮《しゅうしゅく》によって、いきおいよく口《くち》からでてくる。これが、げっぷとなる。

えくぼ

意味《いみ》

わらうとき、ほほにできる小《ちい》さなくぼみ。

語源《ごげん》

「え」は、わらいという意味《いみ》の「笑《え》み」、「くぼ」は「窪《くぼ》」で、くぼんだところという意味《いみ》。二つをあわせて、わらうとできるくぼみをさすことばになった。

関連《かんれん》することば

「えくぼ」のつくことば

あばたもえくぼ

好《す》きになった相手《あいて》のことは、欠点《けってん》すらも長所《ちょうしょ》に見《み》えてしまうことのたとえ。

みみより

【耳寄り】

意《い》味《み》

聞《き》いてよかったとおもうものごと。聞《き》いて知《し》りたいとおもうようす。

語源《ごげん》

話《はなし》を聞《き》きたいとおもうと、話《はな》している人《ひと》の方向《ほうこう》に、耳《みみ》が自然《しぜん》によっていく、ということから。「耳寄《みみよ》りな話《はなし》」という形《かたち》で、使《つか》われることが多《おお》い。

関連《かんれん》することがら

耳《みみ》のしくみ

耳介《じかい》(耳《みみ》の外側《そとがわ》のひだ)であつめられた音《おと》が、外耳《がいじ》から中耳《ちゅうじ》、内耳《ないじ》へと順《じゅん》につたわり、内耳《ないじ》で信号《しんごう》にかえられ、神経《しんけい》につたわることによって、音《おと》が聞《き》こえるしくみになっている。

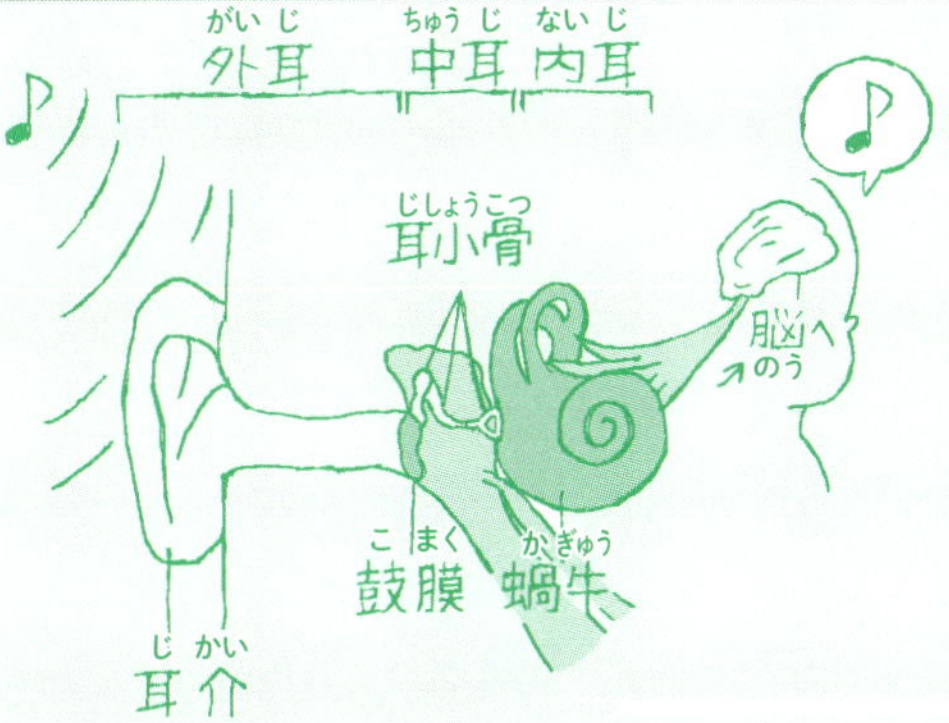

みみをそろえる

【耳を揃える】

意味《いみ》

借《か》りたお金《かね》を、過不足《かぶそく》なくすっかり返《かえ》すこと。「耳《みみ》をそろえて返《かえ》す」ともいう。

語源《ごげん》

江戸《えど》時代《じだい》にできたことば。商人《しょうにん》などが、借《か》りたお金《かね》を返《かえ》すときに、大判《おおばん》、小判《こばん》の耳《みみ》（縁《へり》のこと）を、きれいにそろえて返却《へんきゃく》したことから。

関連《かんれん》することがら

いろいろな耳《みみ》

「耳《みみ》」ということばは、人間《にんげん》や動物《どうぶつ》の耳《みみ》のほかに、いろいろなものにつかわれている。耳《みみ》の形《かたち》や、穴《あな》などに似《に》ているものとして「針《はり》の耳《みみ》」「のれんの耳《みみ》」、ものの端《はし》や隅《すみ》ということから「パンの耳《みみ》」「紙《かみ》の耳《みみ》」「小判《こばん》の耳《みみ》」などの言《い》い方《かた》がある。

ほくろ

【黒子】

意《い》味《み》

皮膚《ひふ》の表面《ひょうめん》にある、小《ちい》さな黒《くろ》い点《てん》のこと。

語《ご》源《げん》

「ほ」は「穂《ほ》」のことで、とびでたものという意味《いみ》。「くろ」は「くそ」のなまったもので、かたまったみにくいものという意味《いみ》のことば。中国語《ちゅうごくご》の「黒子」が、ほくろを意味《いみ》するので、この漢字《かんじ》をあてた。

関連《かんれん》することば

「ほくろ」のつくことば

泣《な》きぼくろ

目《め》の下《した》にあるほくろ。泣《な》きすぎるとできる、という迷信《めいしん》から。

ほくろ女《おんな》に知《ち》恵《え》男《おとこ》

女性《じょせい》はほくろがある人《ひと》が魅力的《みりょくてき》でよく、男性《だんせい》は知恵《ちえ》のある人《ひと》がよいということ。

おくのて
【奥の手】

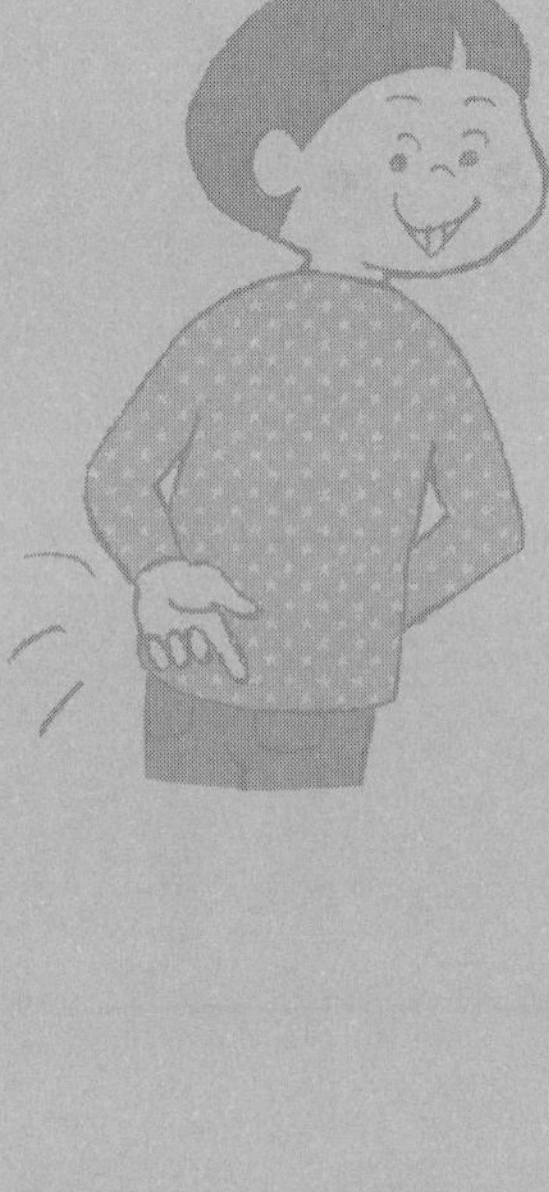

意味《いみ》
最後《さいご》の手段《しゅだん》。技芸《ぎげい》などの、とっておきの方法《ほうほう》。

語源《ごげん》

昔《むかし》は「左大臣《さだいじん》」などといって、左《ひだり》のほうが右《みぎ》よりとうといとされており、左手《ひだりて》のことを「奥《おく》の手《て》」といった。そこから大切《たいせつ》におもう手《て》という意《い》味《み》になり、とっておきの方《ほう》法《ほう》をしめすことばとなった。

関連《かんれん》することから

「手《て》」のつくことば

手《て》に汗《あせ》をにぎる

はらはらしているさま。熱狂《ねっきょう》したり、緊張《きんちょう》しているさま。

手《て》のうちを見《み》せる

たくらんでいることを相手《あいて》にもらす。

手《て》八丁《はっちょう》口《くち》八丁《はっちょう》

することも話《はな》すことも、非常《ひじょう》にたくみなことをいう。

手《て》も足《あし》もでない

自分《じぶん》の力《ちから》では、どうすることもできないほど、こまりきった状態《じょうたい》。

くすりゆび

【薬指】

意《い》味《み》

親指《おやゆび》からかぞえて、四番《ばん》めの指《ゆび》。小指《こゆび》のとなりの指《ゆび》。

語源《ごげん》

薬《くすり》をとかすとき、おもにこの指《ゆび》をつかったので、「くすし（医者《いしゃ》の意味《いみ》）の指《ゆび》」といわれ、「くすし指《ゆび》」から「くすり指《ゆび》」となった。また、紅《べに》をぬるときにつかうことから、「紅《べに》さし指《ゆび》、紅《べに》つけ指《ゆび》」ともいう。なお、この指《ゆび》だけが、日常《にちじょう》の生活《せいかつ》でほとんど用《もち》いられないところから、古《ふる》くは「名《な》なし指《ゆび》」とよばれていた。

関連《かんれん》することがら

指紋《しもん》

人間《にんげん》とさるの指《ゆび》には、指紋《しもん》というしわがある。このしわは、ものをつかむときに、すべり止《ど》めの役目《やくめ》をしている。人間《にんげん》の指紋《しもん》は、形《かたち》によって大《おお》きく三種類《しゅるい》にわけられる。うずまき形《がた》の渦状紋《かじょうもん》、弓《ゆみ》のような弓状紋《きゅうじょうもん》、ながれるような蹄状紋《ていじょうもん》である。

てぐすねひく【手薬煉引く】

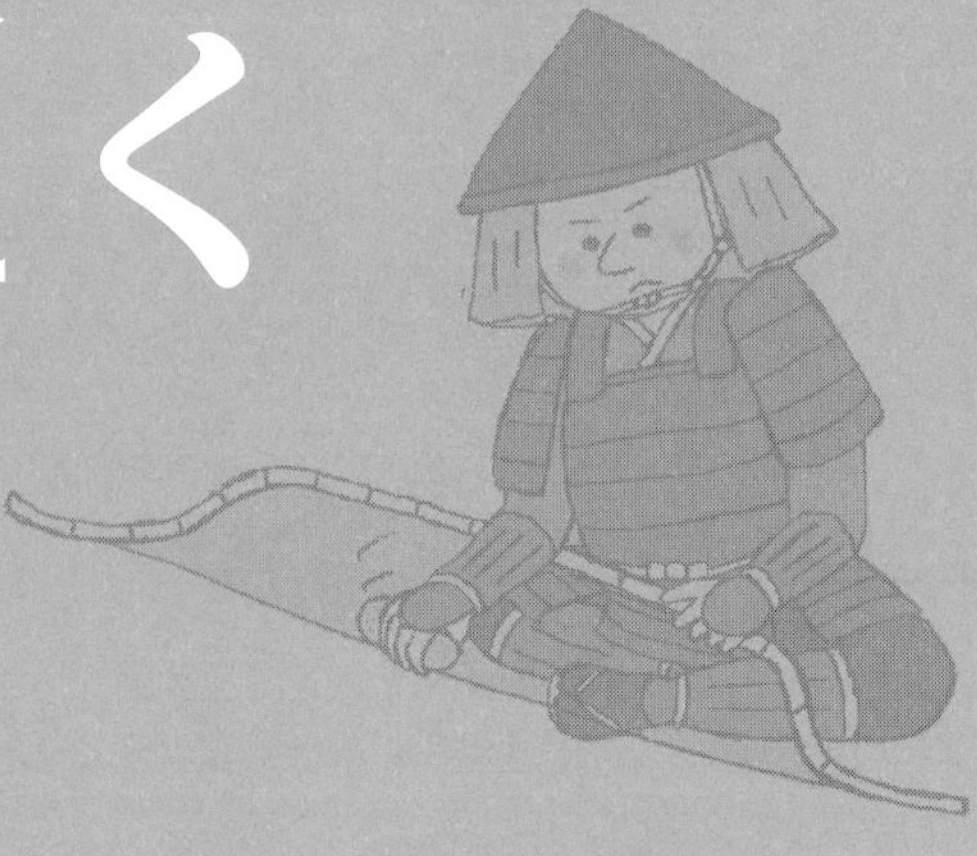

意味《いみ》

十分《じゅうぶん》に用意《ようい》をして、機会《きかい》がくるのを待《ま》ちかまえる。

語源《ごげん》

昔《むかし》、武士《ぶし》が手《て》にとった「くすね」を、弓《ゆみ》に引《ひ》いて（ぬって）かまえたようすから、できたことば。「くすね」は、松《まつ》やにを油《あぶら》で煮《に》て、よく練《ね》りかためたもの。弓《ゆみ》の弦《つる》などにぬって、強《つよ》くするのに用《もち》いられる。

関連《かんれん》することがら

くすね

今《いま》でも弓道《きゅうどう》では「くすね」を使《つか》う。写真《しゃしん》の「麻《ま》ぐすね」という道具《どうぐ》にくすねをつけて、弦《つる》にすりこむ。

麻《ま》ぐすね（株式会社翠山《かぶしきがいしゃみどりやま》）

みぞおち

【鳩尾】

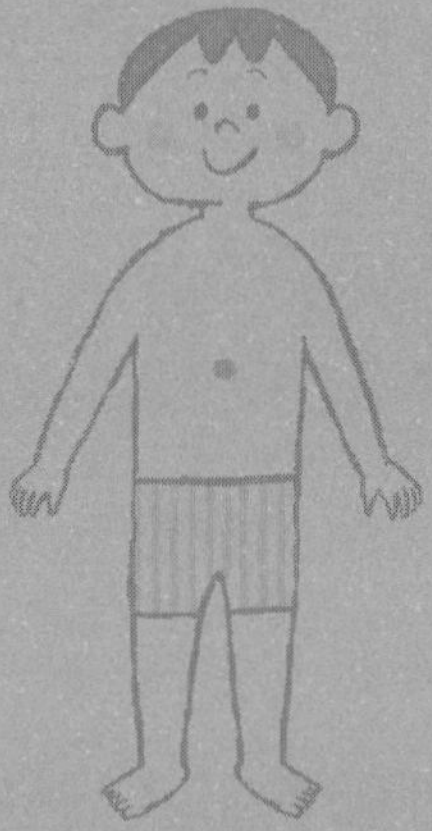

意味《いみ》

胸《むね》の中央《ちゅうおう》の、肋骨《ろっこつ》にせっするへこんだ部分《ぶぶん》。急所《きゅうしょ》の一つ。

語源《ごげん》

水《みず》がおちてあつまる、くぼんだ部分《ぶぶん》を「水落《みずおち》」という。これに似《に》た胸《むね》の部分《ぶぶん》を「みずおち」とよび、なまって「みぞおち」となった。「鳩尾《みぞおち》」はあて字《じ》。鳩《はと》の胸《むね》から尾《お》にかけての形《かたち》が、胃袋《いぶくろ》（つまり水《みず》がおちていくところ）の形《かたち》と似《に》ているため。

関連《かんれん》することがら

みぞおちは急所《きゅうしょ》

みぞおちは、人間《にんげん》の「急所《きゅうしょ》」の一つと言《い》われている。ここを強《つよ》くうつと横隔膜《おうかくまく》が衝《しょう》撃《げき》を受《う》けて、呼吸困難《こきゅうこんなん》になることもある。

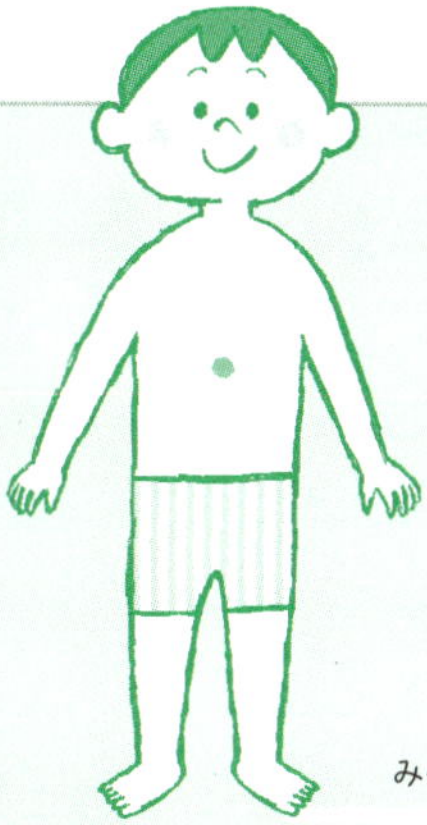

みぞおちの場所《ばしょ》

ほぞをかむ

【臍を噛む】

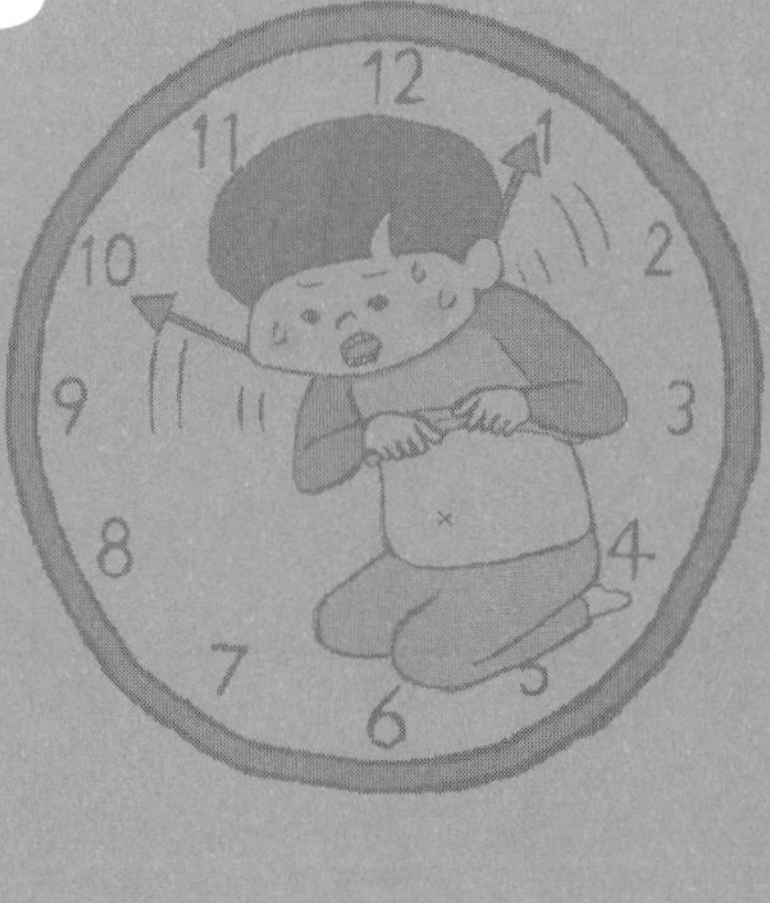

意《い》味《み》

後悔《こうかい》しても、取《と》り返《かえ》しがつかないこと。

語源《ごげん》

「ほぞ」は、へその古《ふる》い言《い》い方《かた》。自分《じぶん》で自分《じぶん》のへそをかもうとしても、とどかないのでできない。それと同《おな》じように、あとで後悔《こうかい》しても、時《とき》をもどすのは不可能《ふかのう》なことだ、という意味《いみ》のたとえから。

関連《かんれん》することば

「ほぞ」のつくことば

ほぞをかためる

決心《けっしん》すること。かくごをきめること。

おなら

意味《いみ》

屁《へ》のこと。

語源《ごげん》

「お」は、頭《あたま》について上品《じょうひん》さをしめす語《ご》。「なら」は「ならす（鳴らす）」。つまり、音《おと》のでる屁《へ》のことを、直接的《ちょくせつてき》ではなく、さりげなくいうことば。

関連《かんれん》することがら

婉曲表現《えんきょくひょうげん》

日本《にほん》には昔《むかし》から、ものごとを直《ちょく》接《せつ》いわずに、遠《とお》まわしにあらわす「婉曲《えんきょく》」という表現方法《ひょうげんほうほう》がある。たとえば、「死《し》ぬ」のかわりに「なくなる」「かくれる」、「便所《べんじょ》」のかわりに「お手洗《てあら》い」「洗面所《せんめんじょ》」などというのが、その例《れい》である。

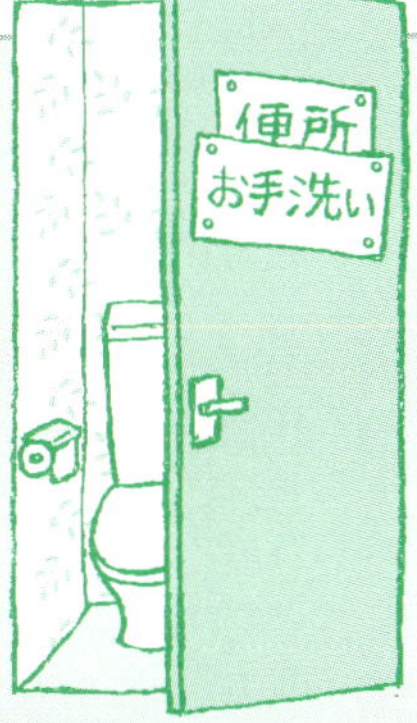

あしをあらう

【足をあらう】

意《い》味《み》

わるい仕事《しごと》をやめる。よくない仲間《なかま》からぬける。「足《あし》をぬく」ともいう。

語源《ごげん》

昔《むかし》、インドのお坊《ぼう》さんが托鉢《たくはつ》（修行《しゅぎょう》のため、鉢《はち》をもってお経《きょう》をとなえながら人家《じんか》をまわり、米《こめ》やお金《かね》をもらって歩《ある》くこと）から帰《かえ》ると、足《あし》をあらってから、信者《しんじゃ》に仏《ほとけ》の道《みち》を説《と》き聞《き》かせたことから。

関連《かんれん》することば

「足《あし》」のつくことば

足《あし》がでる

損《そん》をする。

あげ足《あし》をとる

人《ひと》の言《い》ったことばじりや、言《い》いまちがいをとらえて、大《おお》げさに非《ひ》難《なん》する。

足《あし》がつく

犯人《はんにん》や、にげた人《ひと》のゆくえがわかる。

二《に》の足《あし》をふむ

ためらう。

足《あし》をひっぱる

他人《たにん》のじゃまをする。

アキレスけん

【アキレス腱】

意味《いみ》

かかとの骨《ほね》についている、とても強《つよ》い腱《けん》（筋肉《きんにく》の一部《いちぶ》）。別《べつ》の意味《いみ》で、弱点《じゃくてん》のこと。

語源《ごげん》

大昔《おおむかし》のギリシアに、不死身《ふじみ》のアキレスという名前《なまえ》の英雄《えいゆう》がいた。アキレスは、刀《かたな》で切《き》られても、矢《や》がささってもけっして死《し》ななかった。しかし、あるとき、かかとに矢《や》があたって、あっけなく死《し》んでしまった。そこで、この部分《ぶぶん》の腱《けん》をアキレス腱《けん》といい、強《つよ》い人《ひと》にも弱点《じゃくてん》があるということで、弱点《じゃくてん》そのものもさすようになった。

関連《かんれん》することがら

韋駄天《いだてん》

アキレスは、足《あし》が速《はや》いことでも有名《ゆうめい》。東洋《とうよう》では、「韋駄天《いだてん》」という足《あし》の速《はや》い仏教《ぶっきょう》の神様《かみさま》がおり、非常《ひじょう》に速《はや》く走《はし》ることを「韋駄天走《いだてんばし》り」という。また、足《あし》の速《はや》い馬《うま》を「千里《せんり》の馬《うま》」とよぶ。一日《いちにち》に千里《せんり》も走《はし》るほどの速《はや》さ、という意味《いみ》。

韋駄天像《いだてんぞう》（善宝寺《ぜんぽうじ》）

すねにきずをもつ

【脛に傷を持つ】

意味《いみ》

人《ひと》に知《し》られたくない、うしろ暗《ぐら》い経歴《けいれき》があること。過去《かこ》にわるいことをして、心《こころ》にやましいところがあること。

語源《ごげん》

すねに傷《きず》をうけていたら、戦場《せんじょう》で十分《じゅうぶん》な活躍《かつやく》ができない、という意味《いみ》からできたことば。

関連《かんれん》することば

「すね」のつくことば

親《おや》のすねをかじる

経済的《けいざいてき》に自立《じりつ》できず、親《おや》にやしなってもらうこと。

漢字《かんじ》のなりたち

漢字《かんじ》は、中国《ちゅうごく》およびその周辺《しゅうへん》の国《くに》ぐにで「漢語《かんご》」を書《か》きあらわすための文字《もじ》で、紀元前《きげんぜん》十三世紀《せいき》に出現《しゅつげん》しました。漢字《かんじ》は、一字《じ》一字《じ》のつくられ方《かた》（なりたち）を検討《けんとう》すると、次《つぎ》に示《しめ》す六つの型《かた》に分《わ》けられます。この六つの型《かた》を「六書《りくしょ》」といいます。

（1）**象形文字《しょうけいもじ》**

「日」「月」などのような、事物《じぶつ》の形《かたち》をえがいて、それを簡単化《かんたんか》したもの。

（2）**指事文字《しじもじ》**

「一」「二」「上」などのように、絵《え》としてはかきにくいものを、抽象的《ちゅうしょうてき》な約束《やくそく》や印《しるし》であらわしたもの。

（3）**会意文字《かいいもじ》**

「武」（「戈」＋「止」）、「信」（「人」＋「言」）などのように、象形文字《しょうけいもじ》や指事文字《しじもじ》を組《く》みあわせてつくったもの。

（4）**形声文字《けいせいもじ》**

編《へん》や旁《つくり》で意味《いみ》領域《りょういき》を示《しめ》し、もう一方《いっぽう》で音《おん》をあらわしたもの。「江」「河」のように「氵（さんずい）」で水《みず》にかんする事態《じたい》を、また「工」「可」で音《おん》を記《しる》す。

（5）**転注文字《てんちゅうもじ》**

「楽《らく》」は、本来《ほんらい》「音楽《おんがく》」あるいは音楽《おんがく》を「かなでる」意味《いみ》の「ガク」であったが、のちにそれを楽《たの》しむ「ラク」の意味《いみ》がくわわった。このように、もとの意味《いみ》にあたらしい意味《いみ》がくわわったものをいう。

（6）**仮借文字《かしゃくもじ》**

先《さき》にぎざぎざのついたほこ（戈）という意味《いみ》の「我《われ》」という文字《もじ》を、その音《おと》「ガ」を借《か》りて一人称代名詞《いちにんしょうだいめいし》の「ガ」にあてたもの。

以上《いじょう》のうち、(5)の転注文字《てんちゅうもじ》と(6)の仮借文字《かしゃくもじ》は、意味《いみ》の拡大《かくだい》や文字《もじ》の転用《てんよう》というもので、あたらしい漢字《かんじ》のできかたとはいえません。漢字《かんじ》のつくり方《かた》は、結局《けっきょく》、象形《しょうけい》、指事《しじ》、会意《かいい》、形声《けいせい》の四種類《しゅるい》とそれらの組《く》みあわせということになります。このうち最《もっと》も多《おお》いのが形声文字《けいせいもじ》で、漢字全体《かんじぜんたい》の八〇パーセント以上《いじょう》を占《し》めています。

象形文字《しょうけいもじ》の例《れい》

木《き》の形《かたち》をかたどって、漢字《かんじ》をつくった。

指字文字《しじもじ》の例《れい》

木《き》の上《うえ》に点《てん》をつけて、「もとから遠《とお》いところ」ということで「末《すえ》」をあらわした。

おさらい&チャレンジクイズ！

Q11 命《いのち》がけで何《なに》かをおこなうことを、「からだを○○」という。○には何《なに》がはいる？

Q12 「まなじり」「まつ毛《げ》」などにつく「ま」とは、何《なに》の古《ふる》い言《い》い方《かた》？

Q13 目《め》がくらくらとくらむことを何《なん》というか。次《つぎ》のうちのどれ？
①目《め》あて　②目《め》まい
③目《め》くばせ

Q14 おもうようにならなくて、じれったいことを何《なん》というか。

Q15 ひたかくしにして、けっして口《こう》外《がい》しないことを「○○○にもださない」という。○にはいるのは？

Q16 借《か》りたお金《かね》を、すっかり返《かえ》すことを何《なん》という？

Q17 自分《じぶん》の力《ちから》ではどうすることもできない、こまった状態《じょうたい》を「○も○○もでない」という。○にはいるのは？

Q18 親指《おやゆび》からかぞえて四番《ばん》めの指《ゆび》を「薬指《くすりゆび》」というのは、昔《むかし》どんな職《しょく》業《ぎょう》の人《ひと》がよく使《つか》ったから？

Q19 わるい仕事《しごと》をやめたり、わるい仲《なか》間《ま》からぬけることをなんというか。
①手《て》をぬく　②首《くび》をきる
③足《あし》をあらう

Q20 かかとの骨《ほね》についている強《つよ》い腱《けん》で、弱点《じゃくてん》のこともさす、からだの部分《ぶぶん》を何《なん》という？

答《こた》えは96ページへ！

95ページの答《こた》え

A11 はる。「あたらしい仕事《しごと》に、からだをはって取《と》り組《く》む」などのように使《つか》う。

A12 目《め》。そのほか、「まなこ」「まぶた」などにも、この言《い》い方《かた》がのこっている。

A13 ②目《め》まい(目暈)。目《め》がくるくると舞《ま》うかんじから、「目舞《めま》い」が変化《へんか》したもの。

A14 はがゆい。歯《は》がかゆいという意《い》味《み》で、もどかしい気持《きも》ちをあらわしている。

A15 おくび。おくびとは「げっぷ」のこと。げっぷさえも、がまんして口《くち》にださないことをさしている。

A16 耳《みみ》をそろえる。江戸時代《えどじだい》にできたことばで、大判《おおばん》、小判《こばん》の耳《みみ》(縁《へり》のこと)をそろえて返却《へんきゃく》したことから。

A17 て・あし（手・足）。「力《ちから》の差《さ》がありすぎて、手《て》も足《あし》もでないまま負《ま》けた」などのように使《つか》う。

A18 医者《いしゃ》。古《ふる》い言《い》い方《かた》で、くすし(薬師)といった。

A19 ③足《あし》をあらう。「足《あし》をぬく」ともいう。

A20 アキレス腱《けん》。伝説《でんせつ》では、うまれたばかりのアキレスが不死身《ふじみ》になることをいのって、母親《ははおや》が冥《めい》土《ど》との境《さかい》の河《かわ》にひたした。そのとき足首《あしくび》をもっていたため、この部分《ぶぶん》だけが不死身《ふじみ》にならなかったという。

49ページの答《こた》え

A1 口《くち》を大《おお》きくあけているようす。これを「あっけ(呆気)」といった。

A2 ぬか。ぬかに釘《くぎ》をうちつけても、ききめがないことから。

A3 安堵《あんど》。「堵《と》」は、「垣《かき》」と同《おな》じで、領地《りょうち》をさすことばだった。

A4 ③関西地方《かんさいちほう》。つかれた、つらいという意味《いみ》。

A5 うしろめたい。「うしろ(後ろ)・め（目）・いたし（痛し）」からきたことばといわれる。

A6 草木《くさき》のとげ。とげにチクチク突《つ》かれたときの、不快《ふかい》な刺激《しげき》をあらわしたことから。

A7 ②むしゃくしゃ。もとは、「きたならしい」という意味《いみ》だった。

A8 うきうき。心《こころ》がうくようなようすから。

A9 顔《かお》。「おも」は「面」で、顔《かお》という意味《いみ》。

A10 能面《のうめん》。「べしみ（圧見）」という面《めん》が、口《くち》をへの字《じ》にまげていたため、そのような顔《かお》を「べそ」というようになった。

シリーズ監修
江川 清（元国立国語研究所情報資料研究部長）
1942年にうまれる。1965年神戸大学卒業。専攻は社会言語学・情報学。専門書のほか、小中学生向けに『まんがことわざなんでも事典』（金の星社）、『漢字えほん』（ひさかたチャイルド）など著作・監修多数。

ふしぎ？　びっくり！　ことばの由来博物館
気持ちとからだのことば

初版第1刷　2018年3月20日

文　江川清
絵　秋野純子
編集協力　スタジオポルト
デザイン　スタジオダンク
発行　株式会社ほるぷ出版
〒101-0051　東京都千代田区神田神保町3-2-6
電話　03-6261-6691
発行人　中村宏平
印刷所　共同印刷株式会社
製本所　株式会社ブックアート

NDC812　96P　210×148mm
ISBN978-4-593-58774-2

本シリーズは、2000年に刊行された「ふしぎびっくり語源博物館」シリーズ（小社刊）を再編集・改訂したものです。